BIBLIOTHÈQUE

INTERNATIONALE

UNIVERSELLE

Savoir, c'est être.

PARIS
IMPRIMERIE CENTRALE DES CHEMINS DE FER
A. CHAIX ET Cie
RUE BERGÈRE, 20, PRÈS DU BOULEVARD MONTMARTRE.
1866

BIBLIOTHÈQUE

INTERNATIONALE

UNIVERSELLE

Savoir, c'est être.

PARIS
IMPRIMERIE CENTRALE DES CHEMINS DE FER
A. CHAIX ET Cie
RUE BERGÈRE, 20, PRÈS DU BOULEVARD MONTMARTRE.
1866

BIBLIOTHÈQUE

INTERNATIONALE UNIVERSELLE

PROGRAMME.

Le but de chaque existence est le développement de toutes ses forces en harmonie avec les forces de l'univers. La nature arrive à ce but par les lois de l'attraction; nous, par celles de la connaissance. Mais la connaissance n'est due à aucune des parties qui composent le grand ensemble; car, comme il nous est impossible de comprendre les lois physiques universelles autrement que par l'analyse générale, de même nous ne pouvons saisir la marche de la civilisation à travers le temps et l'espace si nous nous bornons à la contempler isolément, dans le travail d'une seule époque et d'un seul pays.

Les idées ont une tendance naturelle à s'universaliser. Dès qu'elles ont été conçues et transmises, elles doivent faire leur chemin, plus ou moins entravé, plus ou moins long, jusqu'à ce que, l'intelligence ou la conscience communes les ayant adoptées, elles deviennent le patrimoine de l'humanité.

Ce chemin se fait en profondeur et en étendue; il est régi par la loi des contraires, et c'est l'erreur qui découvre la vérité.

Le travail en profondeur est dû à la compression; le travail en étendue, à la diffusion des idées.

Dès que l'homme s'est trouvé en présence d'un pouvoir politique soupçonneux et absorbant, il s'est replié sur lui-même, et, en développant toutes ses forces, rendues plus actives par la lutte, il a creusé l'idée. De là les explosions de la pensée et les révolutions sociales. Dès que le pouvoir politique, mieux avisé, a compris que, la transformation et le progrès des idées étant inévitables, il devenait utile de leur ouvrir un large lit, en se réservant d'en diriger dans certaines limites le mouvement, les idées ont cessé d'appartenir à l'homme et se sont répandues parmi les *hommes*. De là notre civilisation moderne.

On a voulu parquer les idées en des camps différents : spiritualisme, matérialisme et autres; nous croyons qu'elles n'en ont eu qu'un, celui de leurs évolutions, de leurs transformations, des phases de leur action progressive.

On a voulu voir des époques de décadence à la suite de celles de progrès; nous croyons que ce à quoi, en d'autres temps, on a donné le nom de décadence n'était autre chose qu'un changement de la forme, qu'un nouveau moyen qui devenait un des facteurs de la civilisation, soit par lui-même, soit par la démonstration de la valeur réelle de celui auquel il succédait. Il y a eu des décadences apparentes qui ont été d'immenses progrès : la chute de Rome, entre autres, et le silence, les ténèbres qui l'ont suivie durant plusieurs siècles; les vaincus venaient de civiliser les vainqueurs. Comme les pionniers du nouveau monde marchent au sein des forêts vierges, la hache dans une main et le grain de blé dans l'autre, de même la civilisation s'est avancée au milieu des intérêts égoïstes et des préjugés nationaux, précédée par la guerre et suivie par l'instruction.

Chaque période a un caractère et un but différents. Il y a eu les époques de l'ensemencement des idées, celles du repos qui les ont fait germer, du travail et de la lutte qui les ont mûries; nous allons assister maintenant à l'époque de leur large diffusion sur la terre. Car les auxiliaires, les agents providentiels des idées sont, comme les idées elles-mêmes, graduellement progressifs et en relation avec les besoins de leur temps. Aussi le premier agent des idées n'a-t-il été que la guerre; à la guerre s'est joint ensuite le commerce; au commerce, la merveilleuse invention de la presse;

et à la presse, de nos jours, la découverte, plus merveilleuse encore, de l'application de la vapeur et de l'électricité.

La nouvelle phase de la société humaine est celle du besoin, nous dirons mieux, de la nécessité de savoir. Aujourd'hui, la grandeur d'un État ne se mesure plus, comme auparavant, par l'étendue de son territoire et le nombre de ses soldats, mais d'après le niveau de son instruction ; et le souvenir d'un petit peuple, celui d'Athènes, nous fait vite oublier l'étendue immense et les innombrables armées des empires de l'Asie.

Nous avons appris que savoir c'est être.

Mais le savoir, lorsqu'il s'agit de l'universaliser, dépend avant tout des moyens d'instruction.

L'instruction s'opère de trois manières différentes : par l'État, par les corporations et par l'individu.

En général, l'État réglemente trop, les corporations sont trop exclusives, et l'individu n'a que trop rarement sous la main les moyens de s'instruire tout seul.

Nous avons pensé qu'il serait utile d'appuyer l'initiative de l'État, en aidant en même temps, et autant que possible, l'instruction individuelle, par un ensemble de livres choisis et coordonnés de manière à en rendre l'étude *sûre*, *complète* et *facile*.

Il ne suffit pas de se dire qu'il y a abondance de livres ; les questions de quantité, de qualité, de méthode, d'argent et de temps restent à résoudre.

C'est la tâche que nous nous sommes donnée.

Quel est maintenant l'état de l'instruction dans tous les pays du monde?

En philosophie, on étudie le système adopté dans les écoles; en religion, le code sacré auquel s'inspire notre foi; en politique, la constitution et les lois qui nous régissent; en littérature, dans les beaux-arts, les chefs-d'œuvre nationaux qui nous charment, en ouvrant notre âme au doux et fécond sentiment de la beauté.

Mais notre système de philosophie, notre code religieux, notre constitution, nos lois, notre littérature, nos beaux-arts, sont le résultat du travail, des luttes, des sacrifices d'autres temps, d'autres pays, d'autres hommes. Ne serait-il pas opportun de remonter aux causes, d'en saisir l'enchaînement, d'en apprécier la grandeur et la beauté, pour arriver à reconnaître l'importance des effets et en faire des applications nobles et utiles ? Maintenant qu'on a constaté les immenses avantages des grandioses expositions universelles pour les arts, l'industrie et le commerce, le temps n'est-il pas venu d'une exposition universelle beaucoup plus grandiose et plus féconde encore, celle des travaux et du chemin de la pensée à travers les siècles et parmi tous les peuples ?

Deux questions suprêmes résument la vie : notre point de départ et notre but final. Si nous voulons nous approcher d'une solution, il nous faut, pour ainsi dire, sortir de nous-mêmes, et rechercher d'où et comment nous sont venues les idées que nous possédons, où et comment elles nous conduisent.

Voilà pourquoi notre Bibliothèque est universelle.

Ce qui est exigé par la loi des filiations l'est aussi en même temps par nos intérêts et nos devoirs. L'homme n'a plus été son seul but, du moment qu'il y a eu une famille ; la famille a cessé d'être la fin convergente et unique de toute préoccupation, du moment que la patrie a surgi, et cette dernière a perdu sa puissance d'absorption exclusive, dès que sur le pays et parmi les peuples a passé le souffle de l'humanité. Au *Connais-toi toi-même* de Socrate, il faut ajouter aujourd'hui : *Connaissons-nous.*

Voilà pourquoi notre Bibliothèque est internationale.

Les préventions et les préjugés ont été longtemps une barrière insurmontable à la paix et au progrès des peuples. Nous avons longtemps vécu en ennemis, lorsque nous avions tous intérêt à vivre en frères. C'est que l'instruction manquait : avec elle nous aurions compris que les intérêts de chacun se relient aux intérêts de tous. On a souvent, comme nation ou comme État, trop tenu compte de soi-même, et pas assez des autres, en méprisant les nations ou les États qui ne possédaient pas en ce moment-là le même développement dans l'échelle du progrès. C'est que l'instruction manquait ; avec elle nous aurions compris que notre progrès n'appartenait pas à nous seuls, parce qu'il était le produit d'une œuvre commune, parce que tous les peuples avaient fécondé de leur travail, avaient arrosé de leurs larmes ce grand arbre de la vérité qui se nomme le Savoir.

Les essais des études comparatives dont il existe quelques

exemples en France, et surtout en Allemagne, sont complétement insuffisants, chaque science demandant à elle seule, pour être expliquée, l'histoire du genre humain. D'un autre côté, l'homme ne peut s'empêcher de voir à sa manière et de greffer sa personnalité sur tout ce qu'il touche, de sorte que l'on obtient de ces études un témoignage du goût, des opinions, des tendances du professeur, plutôt que la véritable connaissance de la chose dont il s'agit.

Nous avons remonté les siècles, de pays en pays, d'époque en époque pour y chercher les jalons de l'esprit humain, les chefs-d'œuvre scientifiques et littéraires qui ont déterminé les évolutions, les phases de sa marche progressive dans les sciences et dans les arts. Ces chefs-d'œuvre, nous les avons groupés, d'après leur temps, en autant de familles qu'il y a d'expressions différentes de la pensée, et renfermés dans des séries dont chacune représente une des formes de l'existence ou une des phases de la vie. Préparatoires, quoique progressives de l'univers à l'homme et de l'homme à la patrie, ces séries vont s'élargir et se compléter dans la dernière qui les embrasse toutes, celle de l'*humanité.*

Combien a-t-il fallu de temps, d'évolutions et de manifestations différentes à la première idée religieuse, pour se traduire dans nos croyances d'aujourd'hui?

Nous répondons par la collection des *Théogonies*, des *Cosmogonies*, des *Traditions dogmatiques* et des *Codes sacrés*, depuis le *Védas* jusqu'au *Coran.*

Combien a-t-il fallu de transformations à la première idée philosophique, pour arriver à découvrir les lois de l'attraction et de la gravitation universelles, et pour expliquer, sinon résoudre, l'éternel problème de la création : Dieu, l'homme et la vie?

Nous répondons par les documents de la *recherche* des causes et des effets, depuis la *Trimourti* des Indiens, *les deux principes homogènes* des Égyptiens, *les deux principes opposés* des Persans, *le principe unique* de Thalès, *les nombres* et l'*harmonie* de Pythagore jusqu'à Newton et à *l'éclectisme* de Cousin.

Pour la distance et les phases que l'idée politique et sociale a parcourues, de Nemrod, qui glorifie la force au Christ, qui rend les faibles forts par l'amour, de l'exclusivisme mosaïque au droit des nationalités, des castes indiennes à Lincoln, nous répondons par *les Lois constitutives de tous les États, en tous les temps; les Codes du droit de tous les peuples; les Systèmes politiques*, depuis *la Théocratie brahminique* jusqu'à *l'Anarchie* de Proudhon; *les Révélations de la conscience humaine*, depuis Confucius jusqu'à Bentham; *les Théories économiques*, depuis Xénophon jusqu'à Bastiat; *les Théories sociales*, depuis Platon jusqu'à Fourier; *les Théories militaires*, depuis Alexandre jusqu'à Napoléon, et *les Systèmes médicaux*, depuis Hippocrate jusqu'à Hahnemann.

L'Idée, dans sa forme littéraire, nous la représentons par *les poëmes héroïques*, depuis *le Ramayana* de Valmiki jusqu'à *la Messiade* de Klopstock; par *les romantiques*, depuis l'*Odyssée* jusqu'au *Child-Harold;* par *les nationaux*, depuis *l'Ygor* des Russes jusqu'à *la Henriade* de Voltaire; par *les satiriques*, depuis *la Batrachomiomachie* jusqu'à *la Secchia rapita;* par *les hymnes*, du Rig-Véda à Manzoni; *les chants populaires*, des *premières ballades* aux *Chansons* de Béranger; *les chants patriotiques*, de Tirtée à Körner et à Berchet; par *un choix d'autres lyriques;* par *toutes les gnomiques;* par *un choix de poésies érotiques* et *pastorales;* par un recueil des chefs-d'œuvre *d'éloquence politique*, de Démosthènes à Billault et à Gladstone; *d'éloquence judiciaire*, de Cicéron à Berryer; *d'éloquence religieuse*. de saint Jean Chrysostome et de Luther à Lacordaire et à Coquerel; par *un recueil de chroniques* et des meilleures *histoires nationales* de tous les pays, *d'apologues*, *proverbes*, *légendes nouvelles* et *romans* de tous les peuples; et enfin par *un théâtre universel* choisi, depuis *la Sakountala* des Indiens au *Supplice d'une femme* de Girardin; du *Prométhée* d'Eschyle à l'*Arnaldo da Brescia* de Niccolini; des *Nuées* d'Aristophane au *Fils de Giboyer* d'Émile Augier.

De cette histoire de la pensée, où apparaît l'œuvre des siècles dans toute son activité, dans toute sa grandeur, dans toute la signification de son but providentiel, qui est la marche ascendante des hommes par l'homme, et le développement intellectuel et moral de l'homme par les hommes; de ces manifestations des causes en rapport avec leurs effets; de cette absence complète des préventions de partis et de préjugés nationaux; de cet ensemble, dont l'immensité n'a pu nous épouvanter en regard de son utilité pratique, nous verrons enfin poindre la lumière et se dérouler devant nos yeux, comme les eaux d'un grand fleuve, l'histoire véritable du genre humain.

Nous représentons l'Idée, dans sa forme artistique proprement dite, par un recueil de musique et par des albums de dessin, d'architecture, de sculpture et de peinture. Comme celui de la parole, l'art des sons contiendra les plus belles conceptions, dans les différents genres; les arts du dessin comprendront la reproduction photographique de leurs chefs-d'œuvre, les unes et les autres disposées dans leur ordre logique d'action et de temps. Et comme la beauté de leur langage, quoique universel, n'est entièrement compréhensible qu'à ceux qui sont doués du goût et des connaissances artistiques, nous nous efforcerons de répandre ces connaissances et ce goût par une histoire générale des arts.

Des sciences mathématiques et physiques, lesquelles, là où elles se basaient sur des vérités absolues, ne pouvaient naturellement changer, et sont entrées, à l'aide de l'expérience, pour le reste, dans le champ des vérités démontrées, nous ne donnerons que l'histoire, précédée de celle des inventions et découvertes, et suivie d'ouvrages classiques sur la matière. Les documents des erreurs de la recherche n'ont plus d'utilité pratique, du moment qu'elle a conquis le domaine de vérité.

Quelques mots sur la partie traditionnelle de chacune des formes de la pensée : des constatations historiques sur les divers auteurs, e lieu et le temps dans lesquels ils ont vécu, afin de bien déterminer l'influence exercée par leurs œuvres; un recueil général de biographies et une bibliographie universelle, seront le commentaire de la Bibliothèque et le lien entre livre et livre, entre pays et pays, entre une époque et une autre.

Les trésors de la civilisation indienne, chinoise, égyptienne, persane, gréco-latine, restent ensevelis (la dernière exceptée, en partie) dans de vastes bibliothèques, pour servir aux études de quelques savants orientalistes. Nous allons ouvrir ces anciens mondes de la pensée, berceau de presque toutes les sciences, de presque tous les arts, qui dirigent et réjouissent encore les intelligences humaines; et comme nous avons placé le *Ramayana* en tête des poëmes épiques, nous placerons les *Lois de Manou* en tête des législations; une partie des *Oupangas* servira d'introduction aux systèmes philosophiques, aux traités de morale, aux codes des lois civiles et criminelles ; et les *Oupavêdas* seront le point de départ des systèmes médicaux, des théories militaires, des arts mécaniques et de l'histoire musicale. Dans la collection de nos *apologues*, c'est par l'*Hitopadesa* des Indiens que nous arriverons à La Fontaine et à Krylof, et les *proverbes* indiens, chinois, persans, formeront la première partie de ce précieux recueil de la sagesse des nations. De même pour toutes les autres formes de la pensée.

Notre Bibliothèque devant être la reproduction simple et fidèle du pèlerinage de la pensée à travers tous les siècles, parmi tous les peuples, dans toutes les branches du savoir, il n'y sera introduit, ni directement, ni indirectement, aucune opinion personnelle, et ce qu'il y aura de nouveau ne pourra s'écarter de la constatation des faits historiques, relatifs aux auteurs et à l'influence exercée par leurs œuvres.

La critique rétrospective et la critique contemporaine sont réservées à un journal hebdomadaire de critique universelle, fondé en même temps que la Bibliothèque, et dans le même format : il en est la préface et le complément.

Dans chaque série préparatoire, nous n'avons admis que des chefs-d'œuvre, marquant un progrès distinct, déterminé, et ouvrant la route vers le grand ensemble où convergent les travaux et le progrès de tous les pays et de tous les temps, la série de *l'Humanité*.

Des hommes spéciaux, choisis parmi les plus beaux génies de la France, sont préposés à la direction des séries.

A chaque œuvre classique sera joint un traité élémentaire pour mettre la science à la portée de tout le monde, et faciliter les études individuelles.

Les quelques ouvrages qu'on ne pourra donner intégralement, en raison du grand nombre de leurs volumes, seront du moins reproduits de manière à rendre complétement l'idée qu'ils représentent.

Il nous fallait un instrument pour universaliser notre Bibliothèque, une langue précise, claire, facile, nous dirions presque commune à tous; la langue française répondait seule à nos besoins, et nous l'avons choisie avec d'autant plus d'empressement que c'est à elle et à son pays que nous devons la vulgarisation de la pensée depuis deux siècles.

Ces deux considérations nous ont aussi conduits à placer, dans la série particulière à la Patrie, ce qui regarde politiquement et socialement la *Patrie française*, et à désigner Paris comme centre de notre publication.

Nous avons dit qu'en fait de livres, les questions de quantité, de qualité, de méthode, d'argent et de temps restent à résoudre.

S'il est vrai que bien des villes, les grandes surtout, possèdent des librairies et des bibliothèques publiques et privées où sont entassés des volumes par milliers, il n'est pas moins vrai que cela ne suffit point; ce qu'il faut pour aider efficacement l'instruction individuelle ne consiste pas dans le nombre des livres, mais dans la connaissance des meilleurs, dans leur coordination rationnelle et la facilité de se les procurer et de pouvoir les garder à sa disposition.

Nous avons résolu la question de *quantité* par la *qualité;* celle de temps par la *méthode :* nous allons maintenant résoudre celle d'*argent* par le *bon marché.*

Notre Bibliothèque se compose d'environ cent volumes, grand n-8° à double colonne. Chaque volume en contiendra à peu près trente des éditions françaises les plus économiques, qui se vendent 1 franc le volume. Il coûtera environ 7 *francs* et on en distribuera *un par mois*, le temps à peine suffisant pour le lire, le prix d'abonnement à n'importe quel cabinet de lecture.

Notre désir serait que chaque famille dans les villes, chaque commune, dans les campagnes, s'enrichissent d'une bibliothèque comme quelques cantons de la Suisse en donnent un noble exemple; là, dans les heures de repos, le travailleur va chercher les lectures auxquelles il espère puiser la meilleure instruction, conforme à ses occupations journalières, et la plus propre à élargir ses idées et à développer sa moralité. Bien des familles et bien des communes dans d'autres pays, ne possèdent pas un seul livre, et il arrive parfois qu'un homme né pour s'élever dans les sciences ou dans les arts, meurt ignoré de lui-même et des autres, faute de moyens d'instruction à sa portée qui auraient pu étendre et renforcer le goût et les facultés de sa jeune intelligence.

Les communes et les familles auxquelles il est permis de dépenser, pendant huit ans, environ 7 francs chaque mois et sans le moindre dérangement, sont innombrables.

Par contre, cette dépense, quoique mimine, serait toujours trop forte pour la majorité des ouvriers et pour tous ceux qui ont à lutter avec une pauvre fortune : nous nous sommes approchés d'eux par des *Bibliothèques spéciales*. Ces bibliothèques s'adressent à toutes les aptitudes intellectuelles; elles comprennent toutes les classes sociales, et renferment les branches de la *Bibliothèque universelle* qui leur sont nécessaires. De la sorte, chacun pourra se fournir le recueil de connaissances réclamées par son intelligence ou par son état.

Nous établissons seize bibliothèques spéciales.

La Bibliothèque populaire est divisée en Bibliothèque des *Communes* et en Bibliothèque des *Ateliers*.

Celle des ateliers aura un autre format, in-18; elle contiendra, outre les livres dont elle se compose, un manuel ou traité du métier ou de l'art de chaque ouvrier et ne coûtera que le simple prix de revient de l'impression, pour qu'elle puisse réellement atteindre le but auquel on la destine.

Les essais de *bibliothèques populaires* ont été insuffisants jusqu'aujourd'hui, et cela parce qu'elles se composaient d'ouvrages isolés, sans point de départ, sans cohésion logique, parce qu'elles n'enseignaient pas qu'au delà du pays il y a un monde, c'est-à-dire un vaste foyer de connaissances dont les nôtres ne sont qu'un rayon et auxquelles il n'est plus permis désormais de rester absolument étranger; parce qu'elles ne montraient pas au peuple les autres peuples, ses émules dans la carrière fraternelle du perfectionnement; parce qu'enfin leur prix n'était pas en rapport avec la modicité des ressources; en un mot, parce que les études qu'elles offraient n'étaient ni *sûres*, ni *complètes*, ni *faciles*.

Immense est l'importance que nous attachons, dans notre travail collectif, à la Bibliothèque des ateliers et à la Bibliothèque des communes; distinctes l'une de l'autre dans leur application, nous les unissons par une même pensée, par une même prédilection, comme elles sont unies dans leur but, qui est l'éducation du peuple. C'est en nous occupant d'elles que nous est venue la première conception de notre Bibliothèque internationale universelle; c'est sur elles que nous fondons nos plus chères espérances; car il y a dans la diffusion des connaissances au milieu des multitudes, non-seulement une amélioration matérielle, mais un perfectionnement intellectuel et moral ; et quelle plus noble tâche que celle du bien à répandre dans les rangs de cette nombreuse partie de la famille humaine destinée aux plus rudes labeurs, aux plus pénibles besoins et aux inévitables entraînements qu'engendre l'ignorance

Les hommes d'Etat ont compris que la progression des crimes est en raison directe de l'absence d'éducation populaire: les hommes d'église commencent à comprendre que ce n'est pas en abaissant, mais en élevant à Dieu ses créatures, qu'on les rend dignes de lui; les hommes d'argent comprendront enfin que l'instruction bannit la misère et rend la pauvreté active et féconde.

L'héritage légué par nos pères est beau; celui que nous laisseserons à nos enfants sera de beaucoup meilleur. De nouveaux et vastes horizons s'ouvrent aux générations, et le temps n'est pas éloigné peut-être où la civilisation marchera, par une loi de gravitation morale, de toute la force de son poids et de la distance qu'elle a dû parcourir. Il est des hommes qui se plaignent du présent et se laissent anéantir par le doute. Le doute est aujourd'hui une infirmité morale, s'il n'est un crime ; car au point où nous sommes arrivés, l'évidence du progrès dans le passé devrait suffire pour nous convaincre de sa marche ascensionnelle dans l'avenir.

Le *cercle di Vico* est donc brisé. Cet esprit puissant et analytique, en voyant l'orbite accomplie par les petits centres, n'avait pas assez observé qu'au milieu de la loi apparente des retours, il y avait toujours quelque chose qui survivait à la ruine des pays et à la chute des peuples, et ce quelque chose c'étaient les idées, ces étoiles de la pensée, destinées à former peu à peu notre firmament moral. Si les centres de la vie intellectuelle et active, dans les anciens temps, ont disparu comme Palmyre et Thèbes, ou s'il n'en est resté, comme à Athènes, que des monuments ébréchés par les siècles, ou s'ils ont entièrement changé de face, comme l'Inde et la Chine, leurs idées vivent encore dans les documents, dans les traditions, et, ce qui importe le plus, ce qui est le signe de l'immortalité, elles vivent en nous-mêmes. Progressive et universelle, la civilisation a commencé par allumer çà et là des flambeaux, comme le pâtre sur les montagnes, pour guider le voyageur. Qu'importe que le feu ait brûlé la place où il étalait sa flamme, si la lumière s'est répétée de proche en proche, si elle s'est répandue et se répand partout?

Les générations présentes transmettront aux générations futures les idées comme elles les ont reçues, avec des développements toujours nouveaux, de nouvelles applications, et en de nouvelles formes, car nous naissons tous ouvriers de cette grande cité de Dieu, qui a nom l'Humanité.

MAX GRAZIA.

A. PINO,

Secretaire général de la Direction.

BIBLIOTHÈQUES SPÉCIALES

I. — BIBLIOTHÈQUE DES COMMUNES

Histoire de la Commune.
Orographie et Hydrographie de la France.
Traités internationaux de la France.
Droit français public.
— — privé.
— — pénal.
Jurisprudence française.
Lois de tous les Peuples.
Philosophie du Droit.
Histoire générale des Gouvernements.
— des Gouvernements en France.
— de la Politique française.
Organisation militaire de la France.
Traité de la Production.
— du Commerce.
— de l'Impôt.
Histoire de l'Impôt en France.
Arithmétique sociale.
Théories économiques.
Histoires nationales.
Philosophie de l'Histoire.
Sciences mathématiques.
Cosmographie.
Uranographie.
Géographie.
Physique.
Mécanique rationnelle et appliquée.
Chimie.
Géognosie.
Histoire naturelle.
— de l'Homme.
Psychologie.
Logique.
Morale : — Codes de Morale de tous les Peuples.
Biographies des Bienfaiteurs de l'Humanité.
Histoire des Instituts de Bienfaisance.
Théodicée. — Codes sacrés de tous les Peuples.
Systèmes philosophiques.
Philosophie de l'Esprit humain.
Philosophie du Mariage.
De l'Amour maternel.
Ce que la Mère a été dans la Famille : — Histoire de la Famille.
Ce qu'Elle est : Etude des Mœurs contemporaines.
Ce qu'Elle doit être : Histoire morale des Femmes.
Du Perfectionnement moral par l'Instruction.
Histoire de l'Instruction publique en France.
Philosophie de l'Education.
Esthétique.
Poëmes héroïques, romantiques, satiriques.
Poésies lyriques, gnomiques, érotiques, didactiques.
Théâtre tragique, comique, dramatique, lyrique.
Eloquence politique, judiciaire et religieuse.
Dialogues philosophiques et moraux.
Recueil général de Biographies.
Epistolographie générale.
Proverbes, Apologues, Légendes.
Choix de Contes, Nouvelles et Romans.
— de Voyages sur terre et sur mer.
Histoire de la Littérature en France.
Traités spéciaux des Beaux-Arts.
Histoire générale des Beaux-Arts.
Traités spéciaux des Arts industriels.
Histoire générale de l'Agriculture, du Commerce et de l'Industrie.
— des Inventions et Découvertes.
— des Expositions artistiques et industrielles.
Traité de l'Amour de la Patrie.
Histoire patriotique de la France.
Biographies et Epistolographie des grands Patriotes.
Grammaire et Dictionnaire de la Langue française et des Synonymes.
Bibliographie des Livres utiles aux Communes.

II. — BIBLIOTHÈQUE DE LA FEMME

Tableau de la Nature.
De la Notion de Dieu dans ses rapports avec la Sensibilité.
Histoire du Christianisme.
— de la Réforme.
— des Missions.
Traité du Perfectionnement moral par l'Éducation.
Du rôle de la Famille dans l'Éducation.
Traité de l'Éducation des Jeunes Filles.
Essai d'un Cours complet d'Instruction domestique.
Traité d'Arithmétique.
Notions de Cosmographie.
— d'Astronomie.
— de Géogénie.
— d'Histoire naturelle.
Géographie.
Traité élémentaire d'Esthétique.
— — de Musique.
Album musical pour Piano.
Traité élémentaire de Dessin.
Album de Peinture et de Sculpture.
Histoire des Beaux-Arts.
Economie domestique.
Traité élémentaire de Chimie appliquée aux usages domestiques.
— — des Altérations et Falsifications des substances alimentaires.
Hygiène domestique.
Histoire de la Domesticité ancienne et moderne.
Traité de la Bienfaisance réparatrice et préventive.
Histoire des Instituts de Bienfaisance.
Biographies des Bienfaiteurs de l'Humanité.
Des Affinités morales.
De l'Amour dans ses rapports avec l'élévation de l'âme.
Théorie du Bonheur par la Bienfaisance et la Vertu.
De la Destination de l'Homme.
Devoirs de la Femme.
Histoire du Mariage.
Philosophie du Mariage.
De l'Amour maternel.
Ce que la Mère a été dans la Famille : Histoire de la Famille.
Ce qu'Elle est : Etude de Mœurs contemporaines.
Ce qu'Elle doit être : Histoire morale des Femmes.
Traité de l'Amour de la Patrie.
Histoire patriotique de la France.
Chronologie générale.
Histoires nationales.
Poëmes héroïques et romantiques.
Poésies lyriques.
Théâtre choisi.
Histoire du Théâtre.
— de la Danse.
Choix de Voyages.
Apologues et Proverbes.
Contes et Nouvelles de Famille.
Histoire de la Littérature en France.
Biographies et Epistolographie des Femmes célèbres par l'intelligence ou le dévouement.
Grammaire et Dictionnaire de la Langue française et des Synonymes.
Bibliographie des Livres utiles aux Femmes.

III — BIBLIOTHÈQUE DES INSTITUTS D'ÉDUCATION

Théorie des Sentiments moraux.
De la Notion de Dieu dans ses rapports avec le Sentiment.
Du Sentiment dans ses rapports avec la Littérature et les Beaux-Arts.
Nature, étendue et utilité de la Morale.
Importance et Moralité du Travail.
De la Puissance du Sentiment sur l'activité humaine.
Théorie du Bonheur par la Bienfaisance et la Vertu.
Tableau de la Nature.
Histoire de la Terre.
— de l'Homme.
Physiognomonie et Phrénologie.
Traité de la Destination de l'Homme.
Essai d'un Traité complet d'Education.
Histoire de la Pédagogie.
Philosophie de l'Education.
Mathématiques pures.
Cosmographie.
Histoire de l'Astronomie,
Physique.
Mécanique rationnelle.
— appliquée.
Géodésie.
Géographie mathématique.
— physique.
— générale.
Chimie.
Histoire naturelle.
Introduction à la Physiologie.
Systèmes philosophiques.
Psychologie.
Logique.
Codes de Morale de tous les peuples.
Théodicée.
Codes sacrés de tous les peuples.
Histoire du Christianisme.
— de l'Eglise grecque.
— de la Réforme.
Philosophie de la Religion.
Esthétique.
Philologie.
Linguistique.
Grammaire générale.
Choix de Poëmes héroïques.
— — romantiques.
— — héroï-comiques.
— — satiriques.
— — didactiques.
Choix de Poésies lyriques.
— — gnomiques.
— — satiriques.
— — érotiques.
— — pastorales.
Choix du Théâtre tragique.
— — comique.
— — romantique.
— — lyrique.
Dialogues philosophiques et moraux.
Eloquence politique, judiciaire et religieuse.
Apologues, Proverbes, Légendes.
Choix de Contes et de Nouvelles.
— de Voyages sur terre et sur mer.
Histoire de la Famille.
— de la Commune.
— des Gouvernements.
Arithmétique sociale.
Traité d'Economie politique.
Philosophie politique.
Traité de l'Amour de la Patrie.
Histoire patriotique de la France.
Chronologie générale.
Histoires nationales.
Philosophie de l'Histoire.
Histoire de la Philosophie en France.
— des Inventions et Découvertes.
— de l'Industrie et du Commerce.
— des Expositions artistiques et industrielles.
Histoire générale des Beaux-Arts.
— de la Littérature en France.
Histoire générale de l'Instruction publique.
Biographies et Epistolographie des Instituteurs célèbres.
Dictionnaire de la Langue française et des Synonymes.
Bibliographie des livres utiles aux Instituts d'Education.

IV. — BIBLIOTHÈQUE DU PUBLICISTE

Introduction à la Philosophie.
Systèmes philosophiques.
Histoire de l'Homme.
— de la Famille.
— de la Commune.
— des Gouvernements.
Systèmes politiques.
Philosophie politique.
Droit de la Nature et des Gens.
Traités internationaux.
Histoire de la Diplomatie.
Codes du Droit de tous les Peuples.
Histoire de la Jurisprudence.
Philosophie du Droit.
Codes de Morale de tous les Peuples.
Théodicée.
Codes sacrés de tous les Peuples.
Histoire du Christianisme.
— des Sectes religieuses.
— de l'Eglise grecque.
— de la Réforme.
Philosophie de la Religion.
Arithmétique sociale.
Traité de l'Impôt et du Budget.
Histoire de l'Impôt et du Budget.
— du Crédit public.
— de l'Industrie et du Commerce.
— des Armées permanentes.
Théories économiques.
— sociales.

Histoire des Colonies agricoles, militaires et pénales.
— des Systèmes pénitentiaires.
— des Instituts de Bienfaisance.
— de l'Instruction publique.
— des Expositions artistiques et industrielles.
— des Inventions et Découvertes.
Géographie générale.
Chroniques.
Histoires nationales.
Philosophie de l'Histoire.
— de l'Education.
— de l'Esprit humain.
Philologie.
Linguistique.
Grammaire générale.
Poëmes héroïques et satiriques.
Eloquence politique.
— judiciaire.
— religieuse.
Dialogues philosophiques et moraux
Apologues et Proverbes.
Histoire de la Littérature française.
— générale des Beaux-Arts.
Biographies et Epistolographie générales.
Dictionnaire de la Langue française et des Synonymes.
Bibliographie générale.

V. — BIBLIOTHÈQUE LITTÉRAIRE

Esthétique.
Rhétorique.
Poétiques.
Philologie.
Linguistique.
Grammaire générale.
Poëmes héroïques.
— romantiques.
— didactiques.
— héroï-comiques.
— satiriques.
Poésies lyriques.
— gnomiques.
— satiriques.
— érotiques.
— pastorales.
Théâtre tragique.
— comique.
— dramatique.
— lyrique.
Histoire du Théâtre.
Apologues.
Proverbes.
Légendes.
Contes.
Nouvelles.
Romans.

Dialogues philosophiques et moraux
Eloquence politique.
— judiciaire.
— religieuse.
Epigraphie.
Epistolographie générale.
Recueil général des Biographies.
Auto-biographies.
Chroniques.
Chronologie générale.
Histoires nationales.
Codes sacrés.
Théogonies et Cosmogonies.
Histoire des Symboles mythologiques.
— des Cultes et Cérémonies.
Philosophie de l'Histoire.
Cosmographie.
Histoire de l'Astronomie.
Géognésie.
Géographie générale.
Voyages sur terre et sur mer.
Histoire des Inventions et Découvertes.
— de la Littérature française.
Histoire générale des Beaux-Arts.
Dictionnaire de la Langue française et des Synonymes.
Bibliographie littéraire.

VI — BIBLIOTHÈQUE ARTISTIQUE

(Bibliothèque du Peintre)

Théorie générale des Beaux-Arts.
Traité complet de Dessin.
Traité de la Peinture à l'huile.
— — à fresque.
— — à l'encaustique.
— — à l'aquarelle.
— — à la gouache.
— — en miniature.
— — au pastel.
— — en camaïeu.
— — avec couleurs vitrifiables
Album de Peinture.
Histoire de la Peinture.
Histoire générale des Beaux-Arts.
Histoire des Symboles mythologiques.
— des Cultes et Cérémonies.
Histoires nationales.
Théâtre universel choisi.
Poëmes héroïques.
— romantiques.
— satiriques.
Poésies lyriques.
— satiriques.
— érotiques
— pastorales.
Contes, Nouvelles, et Romans artistiques.
Histoire de la Littérature en France.
Biographies et Épistolographie des Peintres, Sculpteurs et Architectes les plus célèbres.
Grammaire et Dictionnaire de la Langue française et des Synonymes.
Bibliographie artistique.

(Bibliothèque de l'Architecte)

Théorie générale des Beaux-Arts.
Traité complet de Dessin.
— — d'Architecture.
Archéologie monumentale.
Album d'Architecture.
Histoire de l'Architecture.
Histoire générale des Beaux-Arts.
Histoires nationales.
Théâtre universel choisi.
Poëmes héroïques.
— romantiques.
— satiriques.
Poésies lyriques.
Contes, Nouvelles et Romans artistiques.
Histoire de la Littérature en France.
Biographies et Épistolographie des Architectes, Sculpteurs et Peintres les plus célèbres.
Grammaire et Dictionnaire de la Langue française et des Synonymes.
Bibliographie artistique.

(Bibliothèque du Sculpteur)

Théorie générale des Beaux-Arts.
Traité complet de Dessin.
Traité complet de Sculpture.
Album de Sculpture.
Histoire de la Sculpture.
Traité de la Gravure en creux.
— — en relief.
— — en bas-relief.
Histoire de la Gravure.
Histoire générale des Beaux-Arts.
Histoire des Symboles mythologiques.
— des Cultes et Cérémonies.
Histoires nationales.
Théâtre universel choisi.
Poëmes héroïques.
— romantiques.
— satiriques.
Poésies lyriques.
— satiriques.
— érotiques.
— pastorales.
Contes, Nouvelles et Romans artistiques.
Histoire de la Littérature en France.
Biographies et Épistolographie des Sculpteurs, Architectes et Peintres les plus célèbres.
Grammaire et Dictionnaire de la Langue française et des Synonymes.
Bibliographie artistique.

(Bibliothèque du Musicien)

Théorie générale des Beaux-Arts.
Traité complet de Composition musicale,
— — des Instruments à percussion.
— — des Instruments à cordes.
— — des Instruments à vent.
Album de Musique.
Histoire de la Musique.
Traité de Danse et de Chorégraphie.
Histoire de la Danse.
Histoire générale des Beaux-Arts.
Théâtre lyrique.
Histoire du Théâtre.
Poésies lyriques.
— érotiques.
— pastorales.
Contes, Nouvelles et Romans artistiques.
Biographies et Épistolographie des Musiciens et Acteurs les plus célèbres.
Grammaire et Dictionnaire de la Langue française.
Bibliographie musicale.

(Bibliothèque théâtrale)

Théorie générale des Beaux-Arts.
Traité de Musique et de Déclamation,
— de Danse et de Chorégraphie.
Histoire du Théâtre.
— de la Danse.
— des Symboles mythologiques.
— des Cultes et Cérémonies.
Théâtre tragique.
— comique.
— dramatique.
— lyrique.
Poëmes héroïques.
— romantiques,
— satiriques.
Poésies lyriques.
— érotiques.
— pastorales.
Contes, Nouvelles et Romans artistiques.
Histoire de la Littérature en France.
Biographies et Épistolographie des Musiciens, des Auteurs tragiques, comiques, dramatiques et des Acteurs les plus célèbres.
Grammaire et Dictionnaire de la Langue française et des Synonymes.
Bibliographie théâtrale.

VII. — BIBLIOTHÈQUE LÉGALE

Des Lois.
Essai d'un Traité sur la Justice universelle.
Esprit des Lois.
Science de la Législation.
Principes métaphysiques du Droit.
Des Délits et des Peines.
Théorie des Peines et des Récompenses.
De l'Influence des Lois sur les Mœurs et des Mœurs sur les Lois.
Droit naturel.
Droit international.
Traités internationaux.
Histoire du gouvernement français au point de vue de la Législation.
Droit français public.
— — privé.
— — pénal.
Code de Procédure civile.
— de Procédure commerciale.
— d'Instruction criminelle.
Jurisprudence française.
Traités commerciaux.
Codes du Droit de tous les Peuples.
Histoire générale de la Jurisprudence.
Procès célèbres.
Histoire de l'Ordre des Avocats en France.
Éloquence judiciaire et politique.
Codes sacrés de tous les Peuples.
Codes de Morale de tous les Peuples.
Chronologie générale.
Histoires nationales.
Philosophie de l'Histoire.
Grammaire générale.
Linguistique.
Poëmes héroïques.
Apologues et Proverbes.
Biographies et Épistolographie des Avocats les plus célèbres.
Dictionnaire de la Langue française et des Synonymes.
Bibliographie légale.

VIII — BIBLIOTHÈQUE MILITAIRE

(Bibliothèque des Armées de terre.)

Mathématiques pures.
Géodésie.
Topographie.
Géographie militaire.
Architecture militaire.
Album d'Architecture militaire.
Histoire de la défense des Places fortes.
Balistique.
Histoire de la Pyro-balistique.
Tactique.
Stratégie.
Théories militaires.
Traité général de l'Organisation militaire.
Traités spéciaux de l'Art de la Guerre.
Code et Règlement militaires.
Histoire des Armées permanentes.
— des grandes Batailles.
Chronologie générale.
Histoires nationales.
Poëmes héroïques.
Chants militaires.
Contes, Nouvelles et Romans militaires.
Traité de l'Amour de la Patrie.
Histoire patriotique de la France.
Biographies et Epistolographie des Généraux les plus célèbres.
Grammaire et Dictionnaire de la Langue française et des Synonymes.
Bibliographie militaire.

(Bibliothèque des Armées de mer).

Mathématiques pures.
Géodésie.
Hydrographie.
Géographie mathématique et physique.
Traité de la Navigation et de la Manœuvre.
Architecture navale.
Album d'Architecture navale.
Cartes célestes, sélénographiques et marines.
Livres des Signaux.
Manuel d'Hygiène, de Médecine et de Chirurgie.
— de Pharmacopée.
Histoire de la Navigation.
Statistique et Organisation de la Marine militaire.
Des règles du Pointage à bord du vaisseau.
Tactique navale.
Balistique. — Histoire de la Pyro-balistique.
Code militaire maritime.
Histoire de la marine militaire.
Histoires des Grandes Batailles anciennes et modernes.
Chronologie générale.
Histoires nationales.
Traité de l'Amour de la Patrie.
Histoire patriotique de la France.
Contes, Nouvelles et Romans maritimes.
Poëmes héroïques.
Chants du Marin.
Biographies et Epistolographie des Amiraux les plus célèbres.
Grammaire et Dictionnaire de la Langue française et des Synonymes.
Bibliographie militaire.

IX. — BIBLIOTHÈQUE MÉDICALE

Histoire de l'Homme.
Passions de l'Ame.
Physique.
Chimie.
Minéralogie.
Botanique.
Zoologie.
Anatomie humaine.
— comparée.
— végétale.
Embryogénie comparée.
Tératologie.
Paléontologie.
Anatomie philosophique.
Histoire de l'Anatomie.
Recherches physiologiques sur la Vie et la Mort.
Physiologie humaine.
— comparée.
— végétale.
Physiognomonie.
Phrénologie.
Anatomie et Physiologie pathologiques.
Hygiène publique.
— privée.
Histoire de l'Hygiène.
Pathologie interne.
— externe.
Thérapeutique.
Nosologie.
Traités spéciaux des Maladies.
Systèmes médicaux.
Examen des doctrines médicales.
Médecine légale.
Histoire de la Clinique.
— — Médecine en France.
— — Pharmacie.
Géographie physique.
— botanique.
— zoologique.
Climatologie comparée.
Traité hygiénique et éducatif des Idiots.
Histoire des Eaux minérales.
— des Inventions et Découvertes appliquées à la Médecine.
Chronologie générale.
Histoires nationales.
Dictionnaire de la Langue française et des Synonymes.
Biographies et Epistolographie des Médecins célèbres.
Bibliographie médicale.

X — BIBLIOTHÈQUE DES HOPITAUX

Histoire des Instituts de Bienfaisance.
Biographies des Bienfaiteurs de l'Humanité.
Choix d'Autobiographies.
Histoire du Christianisme.
— de la Réforme.
— des Missions.
Codes de Morale de tous les peuples.
Traité de la Destination de l'Homme.
Histoire de la Famille.
— des Mœurs contemporaines.
— morale des Femmes.
Tableau de la Nature.
Histoire de la Terre.
Géographie générale.
Histoires nationales.
Poëmes héroïques.
— romantiques.
Poésies lyriques.
Théâtre choisi.
Proverbes.
Apologues.
Légendes.
Choix de Contes.
— de Nouvelles.
— de Romans.
Histoire de la Littérature française.
— des Beaux-Arts.
Traité de l'Amour de la Patrie.
Histoire patriotique de la France.
— des grandes Batailles anciennes et modernes.
Biographies et Épistolographie des hommes qui ont triomphé des plus grands malheurs par le courage et la vertu.
Grammaire et Dictionnaire de la Langue française et des Synonymes.
Bibliographie des livres utiles aux malades.

XI — BIBLIOTHÈQUE DES ÉTABLISSEMENTS DE BAINS

Hygiène privée.
Traité des Eaux sous le rapport hygiénique et médical.
Traité pratique et raisonné d'Hydrothérapie.
Statistique raisonnée des Etablissements de Bains.
Histoire des Bains chez les Anciens et les Modernes.
Climatologie comparée.
Précis d'Histoire naturelle.
Manuel de l'Herboriste.
Uranographie.
Géographie.
Voyages sur terre et sur mer.
Histoire de la Terre.
— de l'Homme.
— du Christianisme.
— de l'Eglise grecque.
— de la Réforme.
— des Sectes religieuses.
— des Cultes et Cérémonies.
Poëmes héroïques.
— romantiques.
— héroï-comiques.
— satiriques.
— didactiques.
Poésies lyriques.
— gnomiques.
— satiriques.
— érotiques.
— pastorales.
Théâtre tragique.
Théâtre comique.
— dramatique.
— lyrique.
Eloquence politique.
— judiciaire.
— religieuse.
Chronologie générale.
Histoires nationales.
Histoire des Gouvernements.
— des Armées permanentes.
— des grandes Batailles anciennes et modernes.
— des Inventions et Découvertes.
— de l'Industrie et du Commerce.
— des Expositions artistiques et industrielles.
Recueil général de Biographies.
Epistolographie générale.
Proverbes.
Apologues.
Légendes.
Contes.
Nouvelles.
Romans.
Album musical.
Album de Peinture, de Sculpture, d'Architecture.
Histoire de la Littérature en France.
Histoire générale des Beaux-Arts.
Grammaire et Dictionnaire de la Langue française et des Synonymes.
Bibliographie thermale.

XII — BIBLIOTHÈQUE DE L'INGÉNIEUR

Mathématiques pures.
Histoire des Sciences mathématiques.
Physique.
Mécanique rationnelle.
— appliquée.
Arpentage.
Géodésie.
Topographie.
Géographie mathématique.
— physique.
— générale.
Géologie.
Hydrographie.
Hydraulique.
Théorie de la Vapeur.
Applications de la Vapeur.
Traité des Chemins de fer.
— du Concours des Canaux avec les Chemins de fer.
Technologie.
Collection des Machines industrielles.
Traité des Puits artésiens.
— de Minéralogie.
— de Métallurgie.
Cours complet de Dessin linéaire.
Esthétique.
Perspective.
Architecture civile.
— religieuse.
— militaire.
— hydraulique.
— navale.
Album d'Architecture.
Histoire de l'Architecture.
— générale des Beaux-Arts.
— des Expositions artistiques et industrielles
— des Congrès scientifiques.
— des Inventions et Découvertes.
Chronologie générale.
Histoires nationales.
Histoire de la Littérature en France.
Grammaire et Dictionnaire de la Langue française et des Synonymes.
Biographies et Epistolographie des Ingénieurs et Architectes célèbres.
Bibliographie de l'Ingénieur.

XIII — BIBLIOTHÈQUE DU NAVIGATEUR

Mathématiques pures.
Cours de Dessin linéaire et géométrique.
Cosmographie.
Astronomie nautique.
Histoire de l'Astronomie.
Météorologie.
Géographie mathématique.
— physique.
Hydrographie.
Cartographie.
Cartes célestes, sélénographiques et marines.
Traité du Navire, de la Navigation et de la Manœuvre.
Système et Tableau des Vents.
Description des Phares et Fanaux du Globe.
Livre des Signaux.
Manuel d'Hygiène.
Manuel de Médecine et Chirurgie.
Pharmacopée
Statistique de la Marine française.
Géographie générale.
Voyages sur terre et sur mer.
Histoire du Commerce et de l'Industrie.
— des Inventions et Découvertes.
Histoires nationales.
Chants du Marin.
Contes, Nouvelles et Romans maritimes.
Biographies et Epistolographie des grands Navigateurs.
Grammaire et Dictionnaire de la Langue française
Bibliographie des livres utiles aux hommes de mer.

XIV — BIBLIOTHÈQUE DU COMMERÇANT ET DE L'INDUSTRIEL

Arithmétique.
Algèbre.
Cours complet de Tenue des Livres.
Traité de la Production.
— du Commerce.
Statistique et Organisation de l'Industrie.
Géographie commerciale.
Hist. générale du Commerce et de l'Industrie.
Hist. du Commerce et de l'Industrie en France.
Code de Commerce.
Traité des Lettres de change.
— de la Vente.
— du Prêt.
— du Change des monnaies.
— des Faillites.
Jurisprudence commerciale de tous les Peuples.
Histoire des Inventions et Découvertes.
Catalogue des Brevets d'invention.
Manuel du Capitaliste.
Traité sur les Banques.
Manuel du Joueur à la Bourse.
Manuel du Commissionnaire, Courtier et Agent de change.
Statistique des Compagnies et Sociétés commerciales.
Traité élémentaire d'Économie politique.
Traité d'Économie domestique.
Chimie industrielle.
Métallurgie.
Botanique industrueile.
Traité des altérations et falsifications des Substances alimentaires.
Zootechnie.
Mécanique appliquée.
Géographie générale.
Voyages sur terre et sur mer.
Histoires nationales.
Proverbes, Contes, Nouvelles et Romans.
Biographies et Épistolographie des Commerçants et Industriels célèbres.
Grammaire et Dictionnaire de la Langue française.
Bibliographie commerciale et industrielle.

XV. — BIBLIOTHÈQUE DE L'AGRICULTEUR

Traité d'Arithmétique.
Traité élémentaire de Géologie.
-- d'Arpentage et de Nivellement.
Manuel de Drainage.
Notions générales d'Astronomie.
— — de Météorologie.
— — de Géographie.
Traité de Chimie appliquée à l'Agriculture.
Traité général d'Agriculture.
Traités spéciaux de Viticulture.
— — de Sylviculture.
— — d'Arboriculture.
— — d'Apiculture.
— — de Sériciculture, etc.
Manuel du Jardinier maraîcher, pépiniériste et fleuriste.
Histoire des Plantes utiles et des Plantes vénéneuses.
Traité des Maladies des plantes.
Zootechnie.
Manuel de Médecine et Chirurgie vétérinaire.
— d'Hygiène privée.
Manuel des Constructions rurales.
— d'Economie agricole.
— de Mécanique agricole.
Collection des Machines et Instruments employés dans l'Economie rustique.
Précis d'Histoire naturelle.
— de l'Histoire des Inventions et Découvertes.
Géographie botanique.
— zoologique.
— commerciale.
Histoire de l'Agriculture, de l'Industrie et du Commerce en France.
Précis de l'Histoire générale de l'Agriculture, de l'Industrie et du Commerce.
Apologues et Proverbes.
Légendes et Contes du foyer
Biographies et Epistolographie des Agriculteurs célèbres.
Grammaire et Dictionnaire de la Langue française.
Bibliographie agricole.

XVI. — BIBLIOTHÈQUE DES ATELIERS

Traité des Devoirs.
Biographies des Bienfaiteurs de l'humanité.
Traité d'Arithmétique et de Tenue des Livres.
Traité élémentaire d'Algèbre et de Géométrie.
— — de Dessin linéaire et géométrique.
— — de Mécanique appliquée.
— — de Chimie appliquée à l'Industrie.
Notions de Cosmographie.
Histoire populaire de l'Astronomie.
Notions de Géographie générale.
— de Géologie.
Précis d'Histoire naturelle.
— — des Inventions et Découvertes.
— — du Commerce et de l'Industrie.
Traité de Jurisprudence à l'usage du peuple.
Manuel d'Hygiène privée.
— de Médecine des accidents.
— d'Économie domestique.
Manuel des Caisses d'épargne.
— des Sociétés coopératives.
Notions élémentaires d'Economie politique.
Histoire du Christianisme.
— de la Famille.
— morale des Femmes.
Traité de l'Amour de la Patrie.
Histoire patriotique de la France.
Esthétique populaire.
Apologues, Proverbes et Légendes.
Contes et Nouvelles de l'Atelier.
Choix de Voyages.
Chants populaires.
Histoire de la Littérature et des Beaux-arts en France.
Biographies et Épistolographie des Hommes du peuple devenus célèbres par l'intelligence ou par des faits mémorables.
Grammaire élémentaire et Dictionnaire de la Langue française.

IMPRIMERIE CENTRALE DES CHEMINS DE FER, — A CHAIX ET Cie, RUE BERGÈRE, 20, A PARIS. — 10448.

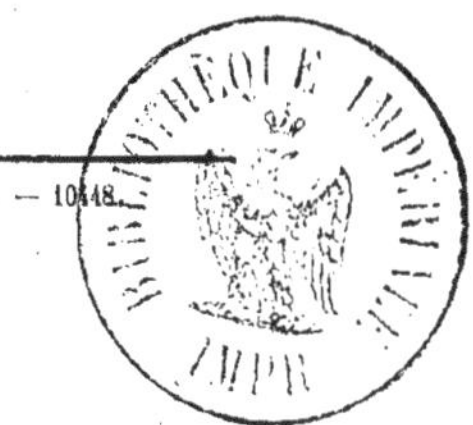

BIBLIOTHÈQUE INTERNATIONALE UNIVERSELLE

ORGANISME

L'HOMME

Devant l'Univers

LEVIERS DES CONNAISSANCES

L'UNIVERS

Mécanique

LES ÊTRES

Anthropologie

Devant Lui-même

LE CORPS

Anatomie

Pharmacologie

LA PENSÉE

Morale

Droit de la Nature

LE SENTIMENT

Devant ses Semblables

LA FAMILLE

LA PATRIE

L'HUMANITÉ

www.ingramcontent.com/pod-product-compliance
Ingram Content Group UK Ltd.
Pitfield, Milton Keynes, MK11 3LW, UK
UKHW020448220726
13923UKWH00005B/2412

9 782019 265793